30
ANOS

PÉ DO OUVIDO

A marca FSC® é a garantia de que a madeira utilizada na fabricação do papel deste livro provém de florestas que foram gerenciadas de maneira ambientalmente correta, socialmente justa e economicamente viável, além de outras fontes de origem controlada.

ALICE SANT'ANNA

Pé do ouvido

Copyright © 2016 by Alice Sant'Anna

Grafia atualizada segundo o Acordo Ortográfico da Língua Portuguesa de 1990, que entrou em vigor no Brasil em 2009.

Capa
Kiko Farkas/ Máquina Estúdio

Preparação
Silvia Massimini Felix

Revisão
Ana Maria Barbosa
Ana Luiza Couto

Dados Internacionais de Catalogação na Publicação (CIP)
(Câmara Brasileira do Livro, SP, Brasil)

Sant'Anna, Alice
Pé do ouvido / Alice Sant'Anna. — 1ª ed. — São Paulo :
Companhia das Letras, 2016.

ISBN 978-85-359-2738-2

1. Poesia brasileira I. Título.

16-03169   CDD-869.1

Índice para catálogo sistemático:
1. Poesia : Literatura brasileira 869.1

[2016]
Todos os direitos desta edição reservados à
EDITORA SCHWARCZ S.A.
Rua Bandeira Paulista, 702, cj. 32
04532-002 — São Paulo — SP
Telefone: (11) 3707-3500
Fax: (11) 3707-3501
www.companhiadasletras.com.br
www.blogdacompanhia.com.br
facebook.com/companhiadasletras
instagram.com/companhiadasletras
twitter.com/cialetras

Para Marília Rothier e Meera Viswanathan

If only the heart, as a fruit, were yours to consume.
Kit Schluter

The heart is a foreign country whose language none of us is good at.
Jack Gilbert

Sumário

PARTE UM, 13

PARTE DOIS, 55

PARTE UM

descer a brook street
os sapatos novos
reluzentes com sola de madeira
que fazem barulho
se tivesse o corpo macio
faria a posição dos jogadores de beisebol
antes de arremessar a bola
talvez o beisebol tenha sido inventado
só para que esse movimento seja possível
o corpo virando para o lado, uma perna
no chão e a outra se erguendo
perto de encontrar o cotovelo
do braço oposto em câmera lenta
até o arremesso da bola
que faz acelerar o tempo

estagnado da concentração: nada
nenhum passo de dança
pode ser mais bonito que isso
os sapatos novos quase tamancos
de tão barulhentos
as árvores cada qual de uma cor
ela faz caminhos muito mais longos
para ver se aquele laranja
de perto é mesmo possível
e quando as folhas começam a cair
e a contaminar as calçadas
e as escadas e as portas das casas
da nova inglaterra
com seus surpreendentes amarelos
a diferença entre solitude
e loneliness qual é?
depois de certo tempo se cansou do recital
ouvindo a mulher maquiada demais
com sotaque irlandês
prestava atenção não no que ela dizia
mas no modo como a voz cantava
quase sem pausas para respirar
olhava para aquela mulher
sem entender uma palavra
como se estivesse apenas folheando um livro
virando as páginas
acompanhando o formato das letras

procurando figuras
a acústica da boca
como pode fazer um som
tão diferente? se tivesse nascido
em outro país a voz seria outra
e as coisas que escreve e pensa
também seriam outras
ao voltar da biblioteca
viu uma lua redonda
e quis apontar
mas pensou por um minuto
e preferiu não comentar com ninguém
ninguém mais
parecia prestar atenção na lua
como se a lua estivesse ali só para ela
a câmera não ajustaria o foco
e escrever que viu uma grande lua
não impressionaria ninguém
então guardou para si
como um segredo: a lua cheia
dos poemas japoneses
outra vez ele comentou
o copo na mão
que seu pai ficaria muito desapontado
se ele não fosse ao jogo de beisebol
em boston no sábado à noite
red sox contra detroit

tenta explicar as regras
que não fazem muito nexo
meu pai, ele diz, tem barba
parece um mendigo
mesmo com roupa de gala um mendigo
rimos alto: mas isso não se diz
o anel de água no balcão
quando o copo gelado é devolvido
outro anel, este mais fraco
o balcão de madeira
feito a sola do meu sapato, se olhar de perto
reluz tanto que talvez sirva
de espelho para a mulher maquiada
com sotaque irlandês corrigir o delineador
forte demais
há um poema japonês que diz
"quão tolo é o
escuro da noite de primavera —
que pode ocultar o
charme e a cor das flores de ameixa
mas não pode esconder o perfume"
as mãos sobre o livro
continuam repousadas
um dia inteiro se passa
de repente uma onda
se ergue cada vez maior
o que assusta na onda não é o modo

como ela se ergue
feito uma aranha armadeira
o ponto mais alto que alcança
da altura de um prédio
de trinta e cinco, de oitenta e sete
andares, um muro
impossível de escalar
a aranha na posição de ataque
o que faz temer a onda
é a maneira como ela vai desarmar depois
a maneira como vai despencar
lá de cima o choque
o barulho a espuma
na poesia japonesa quase não
se vê metáfora: como se estivesse de noite
como se fosse uma onda
a poesia japonesa: de noite
uma onda
sonhar com dentes é sinal
de ansiedade
o sonho que ele teve
no banheiro tentava segurar
um dente de trás
e quando puxava vinha o dente
e junto a raiz e junto um feto
se formando dentro da gengiva
eu também sonho muito com dentes

antes de uma reunião crucial
me olho no espelho e os dentes
caem em série feito dominó
e descem todos pelo ralo
a mão na frente da boca
precisando explicar: não vou poder
ela disse que não dormia há dias
não adiantavam os remédios
não adiantava o cansaço
de manhã uma luz amarela
sobre a mesa da sala uma planta roxa
se espalha para além do vaso
a planta toca os pratos e os talheres
com as pontas dos dedos
um inseto pendurado na janela
fez residência do lado de fora da casa
quando senta e olha pela janela
o inseto não oferece perigo
é como assistir à televisão
ou assistir à lareira
ver o inseto empenhado em seu trabalho
em sua vida curta
da plateia olhávamos os livros
não tem troco então compro
dois, isso ajuda?
tomamos suco de maçã e combinamos
de no próximo fim de semana

pegar o carro
para alguma montanha
de onde as copas das árvores pareçam
um mar vermelho
isso existe mesmo, ela diz, ou amarelo
mas temos que ir logo
daqui a pouco chega o inverno
as folhas desbotam
você sabia que nos poemas japoneses
o outono era uma época alegre
de cores vibrantes, mas eis que importaram
da china a tristeza do outono
o outono que faz pensar
em morte, em perda?
no inverno não vai sobrar
nenhuma folha nas árvores carecas
a não ser pelo evergreen, ele diz
as plantas que resistem a qualquer estação
por isso sempre verdes
no japão o evergreen
quer dizer imortalidade
a espuma de sal
da onda que despencou
de repente vira noite
debaixo d'água
o corpo sem sentido
mole jogado de um lado

para o outro
eu bem gostaria que nevasse
lemos em silêncio
frente a frente
essa noite não sonhei
ela tem um olho de cada cor
mas a diferença é sutil
tem gente da minha família
que só se deu conta há três meses
na foto da lua o sinal verde
muito menor porém muito mais próximo
invadiu a moldura e a lua
ficou um pontinho confundido com o poste
não dá pra fotografar a lua
não com a câmera do celular
a primeira coisa que comprou ao chegar
foi um pé de manjericão
todas as manhãs coloca água no vaso
abre as cortinas para o banho de luz
a sombra ao meio-dia é mais aguda
na calçada vê a própria silhueta
confundida com o decalque de uma árvore
a sombra indecisa
transformando duas coisas em uma nova
metade gente metade árvore
na tatuagem do cimento
um passo de dança

o chá de limão esfria sobre a mesa
quando passa os dedos pela cabeça
e tenta apreender a forma do crânio
percebe imperfeições
a cabeça desnivelada
feito uma pedra sem forma fixa
essa noite não sonhei
na volta carregamos as sobras
do jantar em sacos de papelão
além das cenouras plantadas pela vizinha
olha essa aqui
parece uma criança balofa
levamos no banco de trás do carro
os móveis para a mudança
as placas dizem ruas desconhecidas
do outro lado da autoestrada em direção ao sul
semana passada carregamos
as caixas de livros
passamos perto da loja do português
um mercadinho com cerâmicas
e fitas k7 de música ruim
as pessoas não param de ir embora
despedidas a cada semana
a tese de doutorado dele
é sobre como o mar se comporta
ao redor das ilhas
você acredita que eu não tinha moeda

para pagar a maçã e o português falou
que eu poderia pagar outro dia
ou que se eu esquecesse
ela seria de graça, um presente? a maçã
era mesmo robusta
uma refeição, ele corrige
na vitrine do português
um legume muito comprido
tem uma etiqueta colada
com o nome do tal legume
que não me diz nada
é sobre o que a poesia japonesa?
a vizinha do andar de baixo
tem muito medo de andar na rua
no caminho de dez minutos
até o mercado
só passou por três almas vivas
se quisessem fazer qualquer coisa
comigo fariam, ela diz, as bochechas
subitamente vermelhas
no primeiro dia
leu todos os relatórios da polícia
prefere não sair de casa
a não ser quando não tem opção
e mesmo assim cuida
para não cruzar olhares
a poesia japonesa é sobre a natureza

sobre a impermanência das coisas
a beleza das coisas que não duram
por isso as estações
por isso o outono e a primavera
ganham tantos poemas
as estações de passagem
na floresta comparamos as pedras
pelo tamanho, peso e material
as paredes de pedra
que delimitavam os terrenos
as pedras desniveladas
equilibradas umas sobre as outras
se ventasse um pouco estariam a um triz
de desmoronar, se bem
que as pedras são firmes
se sustentam como andares
de um prédio
um prédio feito de pedras
uma pedra feita de prédios
ele coloca mel no chá
e junta tijolos que encontra na rua
para aumentar a estante do quarto
diz que tem o coração pesado
que o coração bate debaixo das costelas
o coração quase no umbigo
não, a poesia japonesa não é
sobre a natureza

a nuvem no pôr do sol
uma fogueira no céu
uma labareda sendo carregada
para trás das árvores
a nuvem, uma espuma que sobrou
da onda gigante
o céu feito uma maré
em rodamoinho
ao caminhar de volta para casa chovia
achou boa ideia andar na chuva
sentir como é a chuva aqui
carregando duas sacolas de compras
uma em cada mão, uma balança
quando faltavam dois quarteirões as sacolas
de papelão cheias de pontas
molhadas agora encharcadas
rasgaram: as framboesas para um lado
os tomates para o outro
ainda bem que dessa vez não comprou ovos
um rapaz vindo na direção oposta
por favor, você poderia
não sei o que faria se não fosse
se puder segurar esse aqui
tudo bem, ele diz, ainda não fui
prestativo hoje
a poesia japonesa é sobre
outra coisa

o cabelo tem crescido sem previsão de corte
e a franja mal cortada na pia
mostra pontas novas todas manhãs
depois do banho
guardar no peito algo que nunca aconteceu
se pudesse segurar o coração
entre os dedos uma fruta
um pêssego com pele de veludo
uma maçã robusta com casca vermelha
a maçã que o português ofereceu
como presente
às vezes sente o ritmo acelerar
de súbito deitada na cama
acorda e o primeiro alívio
antes de abrir os olhos
essa noite não sonhei
repete para si
mas isso não quer dizer nada
quer? outras vezes não sente
o coração
sem saber se isso é bom ou ruim
as uvas apodrecem dentro da geladeira
a cada dia no prato de vidro
na poesia japonesa a lua
era um elemento ligado ao outono
ou à primavera
a lua como o desejo dos amantes

que não podem se encontrar
ou como a verdade absoluta, que guia
mesmo na escuridão
curioso que não se fale em lua
no verão ou no inverno
embora diferentemente das frutas a lua
nasça todos os dias do ano
eu te contei de uma lua
que vi grande demais?
redonda, quase artificial?
discos de algodão com água quente
sobre os olhos fechados
duas luas cheias
sobre os olhos quentes
para tirar a maquiagem
com os olhos tapados não consegue
ver o reflexo no espelho da pia
de frente para o espelho sem poder ver
a própria imagem
como acreditar
que está refletida? que está mesmo ali?
no japão há quatrocentos e sessenta e cinco
cores catalogadas com nomes
que as pessoas usam no dia a dia
cor de flor pálida
cor de girassol
cor de prata

cor de óleo
cor de areia
cor de folha de chá
ao todo são mil e trezentas cores
incluindo as sem nome
a cor dessa árvore: vermelho fogo?
escarlate, vermelho desesperado?
a vizinha ensina a fazer ovo poché
água na frigideira pouco antes de ferver
girar a água com uma colher
e jogar o ovo no vórtice
depois de três minutos
você tem um ovo cremoso
por dentro
quando acorda
o copo na cabeceira
cheio de bolinhas nas paredes
não se espantaria
se estivesse em qualquer lugar
talvez num quarto de hotel talvez
na casa da primeira amiga da escola
que tinha um cachorro tão grande
ou era um cavalo
não pode esquecer de cortar as unhas
as extremidades que crescem e pesam
as unhas das mãos
dos pés a franja

as pontas de cabelo
espalhadas sobre a pia
duas luas cheias de algodão
sobre os olhos quentes
o nome dela em hebraico
quer dizer joia de ouro
o nome dele em alemão quer dizer
quem guarda as chaves da prisão
aquele que controla
quem entra quem
sai quem fica
no japão não se adora a natureza
como ela é
é preciso domá-la para oferecê-la
de volta aos deuses
devidamente embrulhada para presente
o ângulo preciso do galho voltado para cima
o orvalho da flor que acabou
de ser recolhida
o limo nas pedras
cuidadosamente úmido
os olhos ao acordar
são sempre tristes
os olhos ao dormir
são sempre tristes
no pasto um corvo se aproximou curioso
das três meninas

como se fossem pedaços de comida
olhou fundo
mudou de ideia
e continuou a revoada
em pouco tempo você também
vai embora
à noite amassamos biscoitos
em pedaços muito pequenos
até os dedos ficarem doloridos
preparar a base da torta
bater as claras em neve da torta
colocar em banho-maria a torta
esperar esfriar a torta
os domingos são longos
semana que vem
faremos pudim
mas, olha, como chama
a cor dessa árvore: vermelho
esfuziante? exuberante?
quando eu morava no brasil, ela diz
as pessoas contavam as mesmas histórias
e isso me deixava irritada
ouvir a mesma história
só depois fui entender que lá
as pessoas não precisam ser objetivas
o tempo todo
contam a mesma história

só para estar junto
ficar junto
a cama no mesmo cômodo da geladeira
de noite o zumbido gordo
o sono interrompido pelo falatório
dos eletrodomésticos
não pode esquecer de comprar leite
papel toalha e algumas verduras
depois daquele creme de galinha
em lata intragável
promete que vai comer direito
vermelho atormentado? vermelho desmedido?
vermelho crustáceo?
quando eu morava no brasil, ela diz
tinha um menino mudo
que falava muito
ele batia toda tarde
na janela da nossa casa
e todo mundo ficava quieto
fingindo que não tinha ninguém em casa
o menino mudo falava
sem parar
as horas do relógio iluminado
no meio da noite
o par de sapatos abandonado
em frente à porta
cedo o sol entra pelas persianas

que não vedam a luz
uma camada fina de suor
essa noite não sonhei
notou uma pinta nova na bochecha
um souvenir
uma tatuagem
que o tempo cuidou de fazer
o que ouve dentro de casa
é o vazio ou o silêncio?
teve um inverno, ele diz, que fez tanto frio
um amigo usava um casaco
só com os olhos de fora
e os globos oculares
congelaram
teve outro inverno, ele diz, ou verão
que viajei para uma cidade
onde centenas de lagostas
eram jogadas em uma panela gigante
as lagostas eram cozidas ainda vivas
uma lagosta não morre
quando alguém corta sua cabeça
o sistema nervoso da lagosta
está no corpo todo
o coração da lagosta
no corpo todo
ela diz que só sente o tempo passar
quando está à espera de algo

se bem que está sempre
à espera de algo
as árvores já estão perdendo as folhas
aquela árvore é uma mão erguida
para o céu, uma mão pedinte
passou o dia sonolenta
no feriado não recolheram o lixo
os sacos acumulados na calçada
poderia dormir por mil anos
poderia não dormir nunca mais
ele diz que tem poucas certezas
mas pode jurar que não vai morrer velho
é sobre isso a poesia japonesa?
as palavras não têm o som das coisas
isso se percebe quando se aprende
algo numa língua estrangeira
a não ser a palavra ovo
que seria o desenho do ovo
o som grávido do ovo
a palavra lua tem o sopro
de uma lua minguante
na cozinha digo que a faca está cega
ela não entende
o que quer dizer? como assim está cega?
estou escrevendo um poema
você aparece bastante
tudo o que disser pode entrar

é um poema tagarela
o corvo que olhou profundamente no pasto
e se tivesse descido até as meninas
e se tivesse bicado só para provar
como o tubarão que não tem dedos
e por isso tateia com a boca
antes de decidir se vai abandonar
ou se vai dar cabo à presa?
a meteorologia prometeu
neve no dia seguinte
ainda sonâmbula abre as frestas
da persiana, não pode perder por nada
o primeiro talvez o único
dia de neve
os olhos dos homens têm dois propósitos
servem para ver ou para chorar
os animais não choram
no ônibus um senhor adverte
tome cuidado
muita gente com más intenções
e previne: não fale com estranhos
sem querer ela ri
talvez tenha parecido mal-educada
aos olhos do sujeito que estava
no mesmo ônibus que ela anteontem
quando uma mulher
sem os dentes da frente

veio perguntar de onde ela era
o que estava fazendo nesse ponto
tão pequeno do mapa, ó tão pequeno
até quando fica aqui
o que está estudando
se está gostando
tira os fones para responder às perguntas
todos no ônibus prestam atenção
tenta escolher as palavras certas
para a estranha sem os dentes da frente
para o estranho que a aconselha a não falar
com estranhos
as palavras certas para o pequeno público
que aguarda ansioso
olha os sapatos, a culpa é deles
muito brilhantes
pouco discretos
o modo como o mar contorna as ilhas
isoladas do continente
um ponto de terra minúsculo
que por pouco não é engolido
pelas ondas
passou o dia quieta como um bicho
entre as árvores coloridas
algumas já desbotadas
algumas já carecas
aquela música, o modo como a voz desliza

para a nota de baixo
sente um nó na garganta toda vez
enquanto assiste
às roupas girarem
no vidro redondo da máquina de lavar
everytime we say goodbye
i die a little
talvez seja sobre isso a poesia japonesa
aos dezesseis
entrou numa caverna onde o breu era total
e quando os olhos começaram
a se acostumar com o escuro
quando começaram a discernir
um cinza aqui, um tom mais claro ali
as larvas suspensas no teto
aos poucos se acenderam
até que subitamente eram muitas luzes acesas
um céu estrelado
debaixo da terra
pleno sol lá fora
como explicar a noite e o dia
ao mesmo tempo? tem certeza
de que não foi um sonho?
todas as gerações da família dele
passaram por uma guerra
lutaram em uma guerra
menos ele

o avião pilotado pelo avô
agora repousa no teto do museu
como artigo de colecionador
o avião que não voa
que não tem mais utilidade
uma estátua
quando voltou para casa
estava sem luz
não teria coragem de encarar
a escuridão do quarto
os olhos demorariam a se acostumar
talvez não se acostumassem nunca
te contei que fui ao mercado do português
paguei pela maçã
e ele me agradeceu efusivamente?
disse que a partir de agora está disposto
a fazer qualquer coisa por mim
qualquer coisa
as calças curtas
uma meia diferente da outra
não é estilo, ele diz
é que ainda não tive tempo
de lavar roupa
por algum motivo
parece que as pessoas da biblioteca
não enxergam bem
depois de horas curvadas

a concentração a mil
ao contrário do beisebol
não saem de modo triunfal pela porta
olham como se não estivessem aqui
como se olhassem através
como se os olhos não obedecessem
não tivessem função: um braço
pendurado no corpo
e se os olhos do corvo precisassem
ver de perto? e se fosse preciso
tatear sem dedos?
uma constelação tatuada no peito
o coração quase no umbigo
o rapaz tão distraído
depois de beber à noite não lembra
como chegou em casa
pergunta envergonhado
se alguém sabe onde deixou o carro
como se o carro fosse pequeno, um chaveiro
talvez precise percorrer todas as ruas
da cidade procurando pela placa
talvez nunca encontre o carro
talvez procure em todas as ruas do país
talvez veja dias depois o carro
estacionado na garagem
de onde nunca saiu
voltando para casa

os olhos sonolentos
os postes erguidos não dão a ver
mais que o necessário
as árvores e as construções antigas
todo o resto
precisa ser desenhado mentalmente
as larvas acesas no teto da caverna
aos poucos tudo se iluminaria
até a claridade ser total
é sobre isso a poesia japonesa?
na cozinha dele
mora o fantasma de uma mulher
que viveu na casa há muitas décadas
o fantasma de uma mulher
que fica colada ao fogão
esperando a água ferver
a noite toda
ela é inofensiva
uma mulher silenciosa e paciente
a água não ferve nunca
ela de pé olha a chaleira sem pressa
é possível que o fogo não esteja aceso
o fantasma só dorme quando amanhece
ao chegar em casa não sabe
o que fazer, de pé
agora sem sono
espera o dia chegar pela cortina

a vista que dá para o estacionamento
não muda mesmo olhando
fixamente, como quem assiste
ao cabelo crescer
quando ele morava aqui
cuidava de dois pombos encontrados na rua
dormia com os pombos no quarto
uma camada espessa branca
em todos os móveis da casa
aquela árvore: amarelo ocre? amarelo
metalizado? amarelo ovo, cor de ouro?
a moça que limpa o prédio
está aprendendo a usar o computador
sobe e desce as escadas
pra dizer que não é sedentária
esse é meu exercício, ela ri
a bolinha que joga dentro da secadora
é para evitar a eletricidade estática
no frio as roupas dão choque
a cortina o lençol até o carpete
dão choque
nos fones uma voz feminina
muito aguda
os galhos pontudos
o nariz gelado
os dias cada vez mais curtos
tenta fazer uma trança

de frente para o espelho
não consegue
de dia caminham no bairro residencial
um gato branco muito calmo
dorme na grama
numa posição engraçada
de tão à vontade
quase que na diagonal do jardim
quando se aproximam para ver
de perto o gato
tão tranquilo: tranquilo demais
está morto
a boca aberta
talvez envenenado
os olhos vidrados
por que tudo que você tem é azul?
por que as blueberries não são azuis
e sim roxas, pretas?
ela ensina uma palavra
escreve no papel em letras garrafais
só existe em português
ele pega o papel
sem ler coloca na boca e mastiga
assim não esqueço mais
ao dormir os olhos
são olhos tristes
esse é meu último par de meias limpas

talvez seja sobre isso a poesia japonesa
o pé de manjericão
a primeira coisa que comprou
definhou dia após dia
não bastaram os banhos de sol
é possível que tenha encharcado o vaso
errou a medida de água
para que o manjericão seguisse vivo
o cuidado excessivo
agora as folhas abatidas
curvadas sobre a pia
até para comer as folhas sente pena
talvez a gente devesse
conversar numa terceira língua
quando ela fala em português
com um sorriso aberto
toda vez que pronuncia a letra s
parece sorrir para a câmera
com uma doçura infantil
mas por favor me diga
qual é o nome preciso dessa cor?
depois dos três lances de escada, uma janela
ampla com vista para a autoestrada
os moinhos não param de rodar
conforme a noite chega
não se veem os moinhos
apenas as luzes vermelhas

anunciam que eles continuam trabalhando
ela está sempre pontualmente
cinco minutos atrasada
a boca roxa de vinho
se a gente falasse em francês
se eu soubesse esperanto
se a gente ficasse quieto
ele diz que está apaixonado
que em menos de seis meses
vai ter um filho com a namorada nova
mas eles acabaram de se conhecer e os filhos
demoram nove meses
de madrugada há um alarme
que nunca desliga, soa a noite toda
o alarme que já não assusta nenhum ladrão
e que no entanto não larga
o sono dos vizinhos
a lua cheia parecia perto demais
a lua japonesa
o pescoço descoberto
três folhas amarelas sobre a mesa
separadas em forma de leque
encaixadas formam um círculo
o sol amarelo sobre a mesa
sob a luz fria
impossível se concentrar
diante de tanta claridade

o menino que lê duas mesas à frente
bufa como se estivesse exausto
depois de uma maratona
na terceira vez não consegue prender o riso
especialmente nos lugares muito formais
onde não pode fazer um pio
a risada abafada
ecoando nos corredores da biblioteca
no japão as mulheres vestiam quimonos
sobre doze camadas de tecido
cada camada de uma cor
e uma pessoa só de saber as cores
a sequência das cores da roupa
por debaixo do quimono
poderia se apaixonar perdidamente
um extraordinário violeta
um inesperado azul
a cor da cerejeira
sente um misto de preguiça
com ansiedade
quando voltar para casa
precisa se desfazer do pé de manjericão
quando voltar para casa
precisa prestar atenção no movimento das ondas
olhar por muito tempo
um mar agitado
ou um céu com nuvens agitadas

você tem uma memória péssima
essa noite não sonhei
na floresta ouvem tiros
um caçador que erra a mira
e tenta de novo, repete os tiros
impossível dizer de onde vem o som
da arma disparando em sequência
as três meninas não comentam
assim fingem não sentir medo
e acreditam e não sentem medo
o caçador pode estar em qualquer lugar
as árvores magrelas, muitas já sem folha
fica parada sem mexer um fio
congelada debaixo do sol
um avião que não voa
um trambolho
de dia não faz sentido
ter medo de fantasma ou de tiros ou de corvo
sob um céu muito azul
uma adolescente cruza o portão
veloz na bicicleta
cantando a plenos pulmões
queria ter o corpo macio
para fazer um passo de dança
um passo de beisebol
os pés batendo na água sem encontrar o fundo
um mar escuro

sem terra por perto
o horizonte curvado
o planeta redondo a olhos vistos
a noite não se ilumina
com larvas penduradas
no teto da caverna
as cores das camadas sob o quimono
deveriam combinar com a estação do ano
ou se uma mulher vestisse as cores
do outono no verão, por exemplo
seria uma mensagem clara
ela quer que o tempo fique ameno
amanhã vai comprar sabonete e fio dental
vai lavar a roupa e fazer faxina
no quarto aquecido
os pés suam nas meias
o par de sapatos espera no corredor
o momento em que será útil
do banco de trás do carro
as árvores passam enfileiradas
no preciso momento
em que os japoneses mudaram de ideia
sobre o outono
no preciso momento
em que a exuberância das cores
começa a esvanecer
e faz pensar que daqui a pouco

não vai sobrar nenhuma folha
nos troncos franzinos
a não ser pelo evergreen
o evergreen que não muda nunca
que é firme e sempre
que não deixa margem de dúvida
que está lá aconteça o que acontecer
como dois e dois
o evergreen tão constante
tão monótono e previsível
há um poema que diz
"o outono é fúnebre
em todos os aspectos   até
o colorido e
o desbotar das folhas me fazem
entender que esse é o fim"
as botas que ele encontrou
jogadas no quintal do vizinho
têm garantia para o resto da vida
e se ele ligasse e dissesse
que precisa trocar o par
por um número menor
as botas que duram
o resto da vida
nesse inverno
espero que neve
o coração bate desenfreado

na mão uma maçã
apertar a casca até arrebentar
a mesma força
que usaria para derrubar
uma parede de pedras
uma parede de prédios
seus olhos são olhos tristes
é sobre isso a poesia japonesa?
parece que estou aqui há séculos
você também não vai ficar pra sempre
a chuva nos degraus
o café abarrotado de gente
não vi ninguém jogando baralho
ainda não fui ao cinema
não visitei o museu
essa noite não sonhei
no japão as pessoas temiam a natureza
se cortassem uma árvore
a árvore poderia urrar de dor
amaldiçoar o lenhador
causar um desastre natural
ou se recusar a ser tirada de lá
à noite caminha
com as mãos apertadas no bolso
muitas sirenes quando está no quarto
na rua não vê nada
a lua agora muito distante

pequena quase uma estrela
o silêncio rompido pelos sapatos
tem anoitecido cedo
às seis tem vontade de jantar
do quarto ouve passarinhos piando
antes de dormir
quando acorda na janela
procura mas não encontra
nenhum ninho
para onde vão os pássaros de madrugada?
onde se escondem no inverno?
nunca viu pombos à noite
amanhã vai se desfazer do pé de manjericão
amanhã vai olhar com muita atenção
a cor daquela árvore
vai observar para onde as nuvens
são levadas quando venta
no japão as montanhas são entidades
verdadeiros monumentos
no telefone ela diz
que quando chegar no brasil
vai comer manga
e se as mangas não estiverem
maduras ainda
paciência, vai recolhê-las do pé
mesmo assim
talvez

a gente nunca se veja de novo
talvez a gente se encontre
no próximo verão
de mangas curtas e óculos escuros
não nos reconheceríamos
em qualquer outra cidade
penteia os cabelos com força em público
a franja cheia de pontas
as folhas carimbadas no asfalto
uma tatuagem no cimento fresco
uma constelação no peito
a pinta que brotou na bochecha
um souvenir
as folhas fossilizadas na calçada
caíram das árvores em outro outono
você não estava aqui
no bar de pirata um calendário eletrônico
diz que estamos no dia dois de outubro
de mil novecentos e noventa e dois
mas, olha, a sombra
também não é uma cor? roxo sombra?
cor de penumbra?
nos últimos três anos ela passeou
com os cachorros dos outros
as horas mortas enquanto segurava
várias coleiras com uma mão só
o anel de água do copo

no balcão de madeira
seu casaco com bolsos furados
uma meia diferente da outra
meu coque no alto da cabeça
o coração debaixo das costelas
quase no umbigo
ela tem uma risada aguda
entra pela porta giratória
diz que veio só para recomendar
um livro: poemas para comer
depois sai misteriosa
sem olhar para trás
essa noite não sonhei
o jogo de beisebol na tevê
acho que estou me repetindo
você pede desculpa por qualquer coisa
está ficando frio, vamos pra dentro
talvez seja sobre isso a poesia japonesa
o fogo que acendemos no jardim
atrás da casa
as páginas de revistas em chamas
soltando fumaça azul
meus pés apoiados perto do fogo
o par de sapatos com cheiro
de borracha queimada
é o fogo em si que faz sombra? ou a fumaça?
o relógio precisa ser acertado

todo dia de manhã
o relógio de corda nunca marca
a hora certa
está sempre cinco minutos atrasado
não sabe definir o momento
em que deve deixar de lado
o casaco de meia-estação quadriculado
e tirar da mala o sobretudo vermelho
a transição se faz aos poucos? como se veste
um sobretudo aos poucos
e não de um dia para o outro?

PARTE DOIS

do outro lado da porta mora um leão
é preciso aprender
a abrir a porta do quarto
com toda a delicadeza para que o leão
não acorde
no cinema na noite anterior
a tela preta antes de o filme começar
o silêncio da tela preta
qualquer barulho da plateia
botaria tudo a perder
ninguém tossia, ninguém respirava
o leão atrás da porta
há uma autoestrada
que não importa se liga o ponto a ao b
uma autoestrada que flui devagar

como pode uma rua
fluir devagar? como fluiria
de outro jeito?
uma autoestrada onde há uma interseção
um parque de esquina
onde as crianças brincam
na saída da escola
a autoestrada passa lentamente
mesmo quando tem pressa
pelo mercado do português
e por um brechó com roupas
em promoção na calçada
não é bem uma autoestrada
pensando bem é uma rua qualquer
marcamos de nos encontrar bem no meio
o tempo cronometrado da minha descida
e da sua subida
de longe avisto um vulto que só pode ser
de longe você avista uma pessoa com um casaco
na verdade o seu casaco
olhando assim deve ser outra pessoa
ninguém mais anda
na rua naquela hora
de longe um leão vestindo um casaco
a rua que chamamos de nossa
não é bem autoestrada mas vamos dizer assim
como alguém que mora num hotel

e aprende a gostar de morar num hotel
num quarto que não é bem seu
mas que por isso mesmo é tão seu
o mínimo necessário
porque o que gosta mesmo de ver
fica atrás da cortina
quando assistimos à chuva de raios
a vista carregada de nuvens
o morro dois irmãos apagado no nevoeiro
e o clarão que iluminava
a sala da casa em espasmos
de repente sinto muita preguiça
posso deitar no sofá?
o momento em que você percebe
que está vivendo um momento
por algum motivo
um momento mais importante
que os outros
porque você está
prestando atenção dessa vez
como quando vai a um museu e observa
algo só porque está na parede
emoldurado para ser olhado
com atenção
esse momento: você está vivendo
você não pediu por isso mas ninguém pede
um leão atrás da porta

impossível dizer se está dormindo
talvez não seja crucial saber
se está dormindo
você é um acrobata louco
minha prima quando era criança
um dia ficou de castigo e de raiva
cortou os próprios cílios
com a tesoura
uma falha que nunca foi corrigida
os cílios do olho direito para sempre
mais curtos
os cílios não crescem? se os cílios
fossem como os cabelos
e crescessem sem trégua
cobririam os olhos
como uma cortina e talvez
invadissem a boca e se agarrassem aos dentes
gosto de como você
não entende o que estou falando
e como toda vez me ensina
uma palavra nova que esqueço
em dez minutos
a rua da interseção continua
distante debaixo do fog
o parque e o brechó e o mercado do português
e mesmo que você não consiga lembrar
em detalhes qual era

o ponto a e o ponto b a autoestrada
que agora em outro país continua
atravessando lentamente aquele trecho
onde você desce onde ele sobe
um leão com o seu casaco
a rua ou a autoestrada
ou se pode chamar de avenida
o caminho onde duas pessoas

ESTA OBRA FOI COMPOSTA POR ACOMTE
EM MERIDIEN E IMPRESSA PELA RR DONNELLEY EM OFSETE
SOBRE PAPEL PÓLEN BOLD DA SUZANO PAPEL E CELULOSE
PARA A EDITORA SCHWARCZ EM JUNHO DE 2016